QUIERO

Biblioteca
Jorge
Bucay

JORGE BUCAY

QUIERO

UN PEQUEÑO LIBRO SOBRE EL AMOR

Ilustraciones de Gusti

OCEANO   **dNX**
DEL NUEVO EXTREMO

QUIERO
Un pequeño libro sobre el amor

© 2017, Jorge Bucay (por el texto)
© 2017, Gusti (por las ilustraciones)

D.R. © 2018, Editorial del Nuevo Extremo, S.L.

Publicado, por lo que se refiere a las ilustraciones de Gusti,
según acuerdo con UnderCover Literary Agents

Ilustraciones de portada e interiores: Gusti
Diseño de portada: Estudio Sagahón / Leonel Sagahón

D.R. © 2018, Editorial Océano de México, S.A. de C.V.
Homero 1500 - 402, Col. Polanco
Miguel Hidalgo, 11560, Ciudad de México
info@oceano.com.mx

Primera edición en Océano: 2018

ISBN: 978-607-527-652-6

Impreso en México / Printed in Mexico

Prólogo

El texto sobre el cual se apoya este libro significa mucho para mí. A finales de los ochenta, yo era todavía un joven médico trabajando arduamente por conseguir la formación sólida que mis pacientes de psicoterapia demandaban; la terapia gestáltica y la terapia familiar sistémica fueron, en ese momento, los pilares sobre los que con coraje y atrevimiento me animé a estructurar mi propia manera de entender y ejercer mi profesión, la tarea de "ayudador profesional", como me gusta llamarme.

De entre todos los maestros de aquel tiempo, dos se destacan claramente por su influencia y sabiduría: Fritz Perls y Virginia Satir.

Recuerdo todavía el impacto de la claridad meridiana y la simpleza pedagógica con la que la doctora Satir describía los vínculos familiares y sociales, incluyendo en ellos con acierto el buen vínculo con uno mismo, señalando así el nacimiento de lo que hoy todos conocemos como autoestima.

Fue leyendo dos de sus primeros libros (*En contacto íntimo* y *Autoestima*) que se me ocurrió escribir, como tributo y reconocimiento a su sabiduría y señalamientos, esta especie de Credo de las relaciones interpersonales.

Lo llamé simplemente *Quiero* y lo compartí en alguna decena de publicaciones para las cuales escribía en aquellos tiempos, entrelazado en mis artículos de psicología de la vida cotidiana.

El pequeño "poema" (permíteme llamarlo así) se difundió con rapidez, y la llegada de mis libros a otros países llevó esta inspiración de la maestra Satir a más de treinta países y otros tantos idiomas.

Hoy pretendo acercarte una vez más este *Quiero*, pero desgajado en pequeñas frases, para que cada una de ellas permita el agregado de unas pocas ideas adicionales acerca de su contenido y significado. Para darle inmejorable marco a esta idea, se me ocurrió convocar a la mano maestra de mi amigo Gusti, quien agregó las bellísimas imágenes que acompañan esta edición.

Te saludo siempre, con amor y gratitud.

JORGE BUCAY

Quiero

que me oigas
sin juzgarme.

Porque escuchar y juzgar son dos
cosas diferentes y a veces incompatibles.
Cuando me escuchas como yo quiero que
me escuches, oyes mi voz y mis palabras;
cuando me juzgas, tú, como todos, oyes
sólo tus propias palabras, que a veces ni
siquiera son genuinamente tuyas, son las
que vienen en las voces de otros que te
juzgaron y te juzgan sin escucharte.

Quiero

*que opines
sin aconsejarme.*

Porque los consejos tienen ese aroma
de lugar del supuesto saber, que nada
tiene que ver con la relación que quiero
que tengamos. Me interesa tu opinión
y la tengo muy en cuenta, especialmente
en esos momentos en los que fui yo quien
te la pidió.

Quiero

que confíes en mí
sin exigirme.

Porque tu confianza me estimula, me hace saber que crees en mí y eso es muy importante para mi autoestima, me lleva a pensar que tú tienes la certeza de mis recursos, de los que a veces dudo. Pero tu exigencia me hace reaccionar en el sentido contrario, evoca mi rebeldía y me conecta con tu poder, no con el mío.

Quiero

*que me ayudes
sin intentar decidir
por mí.*

Porque tu ayuda es demasiado valiosa para renunciar a ella, especialmente cuando de verdad la necesito, que nunca es antes de haberlo intentado por mí mismo.

Pero mis decisiones son mías porque si no lo son nunca podré sentirme responsable de haberlas tomado, de lo que hice con ellas ni de los resultados de mis acciones.

Quiero

que me cuides
sin anularme.

Porque como todos me gusta sentirme cuidado y protegido y porque a veces lo necesito, pero siempre detrás de mí, nunca por delante. Yo soy yo y ningún sustituto de mí. Si me anulas a sabiendas o sin quererlo, me expulsas de tu vida y eso te deja sin mí y me deja a mí, sin ti.

Quiero

*que me mires
sin proyectar
tus cosas en mí.*

Porque yo soy yo y tú eres tú y esos
hechos no son interdependientes. No
es bueno que me dejes verme en ti, pero
es peor que quieras verte en mí, que me
atribuyas lo que no es mío, que me mandes
a explorar lo que no te animaste a hacer
en tu propia vida ni que creas que eres la
medida de lo que me pasa y el tamiz de
mis sentimientos. Somos dos y no uno,
y me gusta que sea así.

Quiero

*que me abraces
sin asfixiarme.*

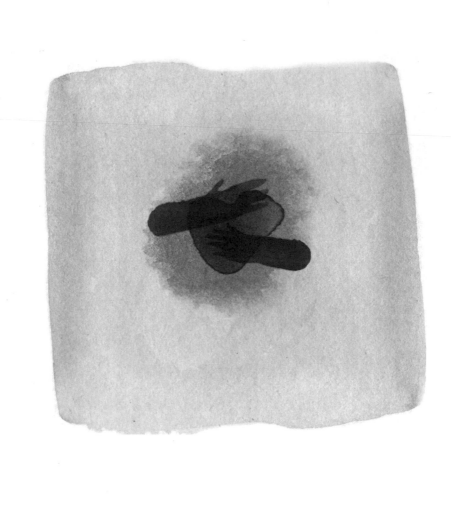

Porque tu abrazo más sano me hace sentir seguro y contenido, pero la cárcel de tu abrazo no me deja respirar. Necesito del aire que entra a mis pulmones, aún más de lo que te necesito a ti, aunque duela decirlo. Prisionero de tus brazos no puedo nada, ni siquiera amarte, porque el amor es un acto de libertad.

Quiero

que me animes
sin empujarme.

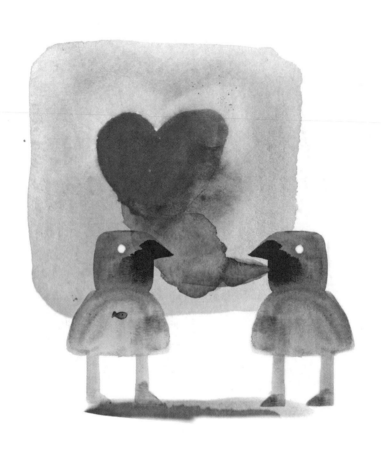

Porque tu aliento me ayuda a seguir
adelante aun en los momentos más difíciles,
allí, cuando flaquean mis ganas de insistir
y cuando siento que ya no puedo más.
Pero yo tengo mis tiempos que muchas
veces no son los tuyos, y si hago las cosas
a destiempo no salen como yo quiero, si me
apresuro lo hago todo mal, si me empujan
voy a tropezar y cuando tropiezo y caigo
siempre me lastimo.

Quiero

que me sostengas
sin hacerte cargo
de mí.

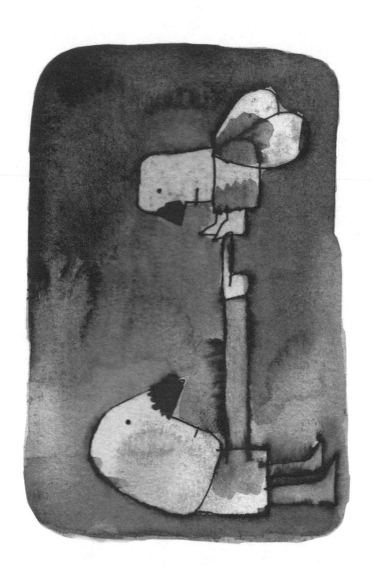

Porque hay momentos en los que necesito de tu presencia y de tu ayuda. Porque no soy autosuficiente y mucho menos omnipotente (tampoco tú lo eres) y lo sé. Pero una cosa es pedir ayuda y otra es depender. He aprendido que no me sirve estar colgado del cuello de otros y no quiero olvidarlo. Cuando intentas hacerte cargo de mí me siento desvalido, incapaz, inútil, despreciado y poca cosa. Nunca he confundido el amor con la lástima y yo pretendo tu amor, no tu compasión.

Quiero

que me protejas
sin mentiras.

Porque la mentira no me protege, sólo esconde de mi mirada una verdad que puede dolerme. Protégeme de los peligros que no conozco todavía, pero no me los ocultes; enséñame a verlos, porque si no lo haces nunca aprenderé a enfrentarlos. No quiero ser el esclavo que se conforma con seguir soñando con su libertad, prefiero ser el que despierta y lucha por su verdad, aunque en ello le vaya la vida.

Quiero

que te acerques
sin invadirme.

Porque que estés cerca es una elección
de ambos, pero la invasión es una decisión
que toma sólo el que invade. Tengo un
mundo y un espacio para compartir contigo
y también tengo un mundo y un espacio
que es sólo para mí. A este pequeño lugar
privado sólo pueden entrar los que yo
invito y solamente pueden hacerlo en esos
momentos. Tú eres una de las personas
a las que más frecuentemente invito y, sin
embargo, es bueno que sepas que hay
pequeños rincones de ese mundo privado
a los que planeo no invitar nunca a nadie,
ni siquiera a ti.

Quiero

*que conozcas
las cosas mías que
más te disgusten...*

*Quiero que las
aceptes y no
pretendas
cambiarlas.*

Porque quiero que sepas exactamente
quién soy para que me ayudes a saberlo
también, y porque nuestra intimidad no
puede excluirte de las partes mías que
no te gusten, porque no sabría qué hacer
con ellas si no puedo traerlas a nuestro
encuentro: porque no soy exactamente
como a ti te conviene, ni tú eres
completamente como a mí me gustaría
y porque el estar juntos hará brotar de
nosotros lo mejor de cada uno e iremos
cambiando, pero yo lo haré por mí
(sólo por mí) y tú, por supuesto, lo harás
sólo por ti.

Quiero

*que sepas que hoy
puedes contar
conmigo...*

Sin condiciones.

Porque las condiciones condicionan. Porque hoy es sólo por hoy. Y porque si contamos juntos, tú conmigo y yo contigo, somos mucho más que dos.

Esta obra se imprimió y encuadernó
en el mes de agosto de 2018,
en los talleres de Grupo Infagón,
Alcaiceria 8, Col. Zona Norte Central de Abasto,
C.P. 09040, Iztapalapa, Ciudad de México